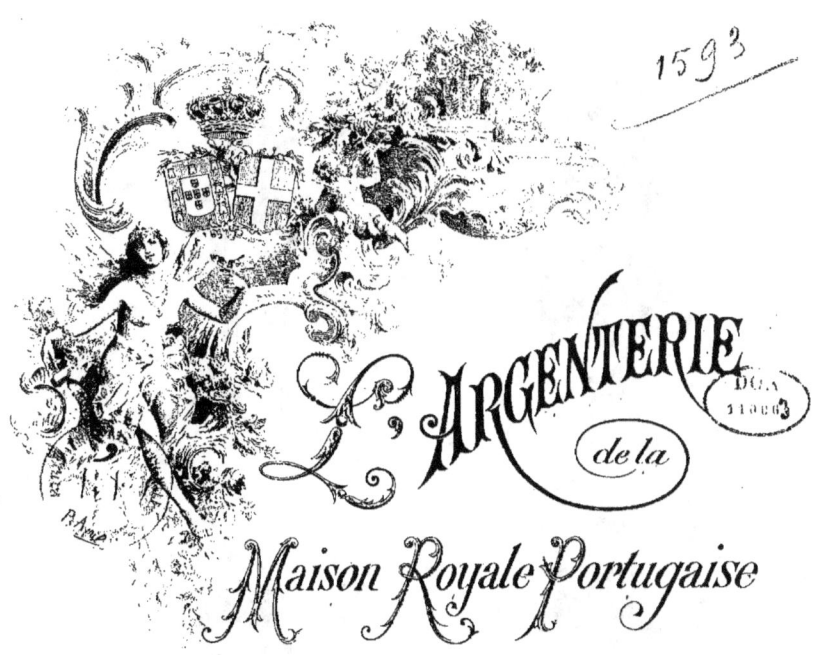

L'Argenterie de la Maison Royale Portugaise

LES GERMAINS EN PORTUGAL

par Le Marquis da Foz

LISBONNE.
MDCCCLXXXVIIII.

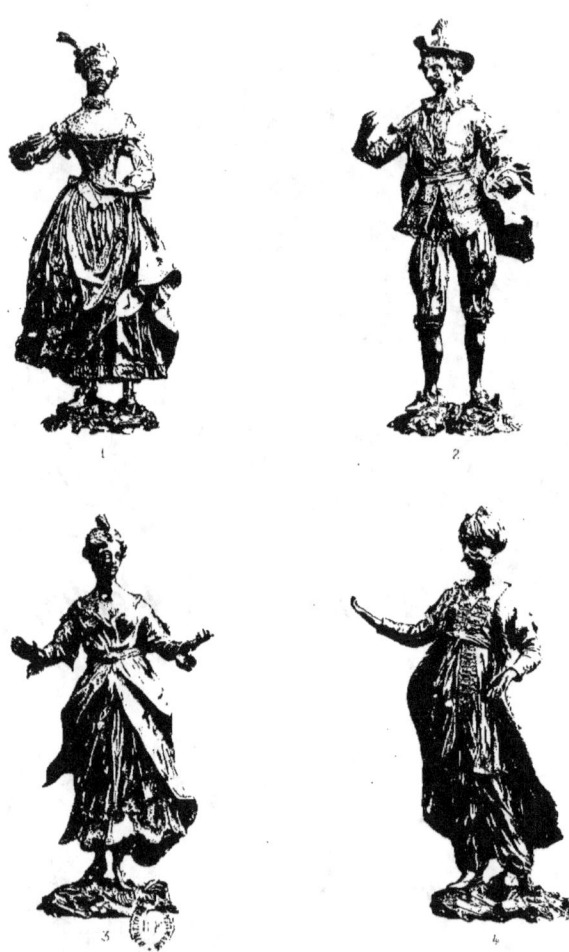

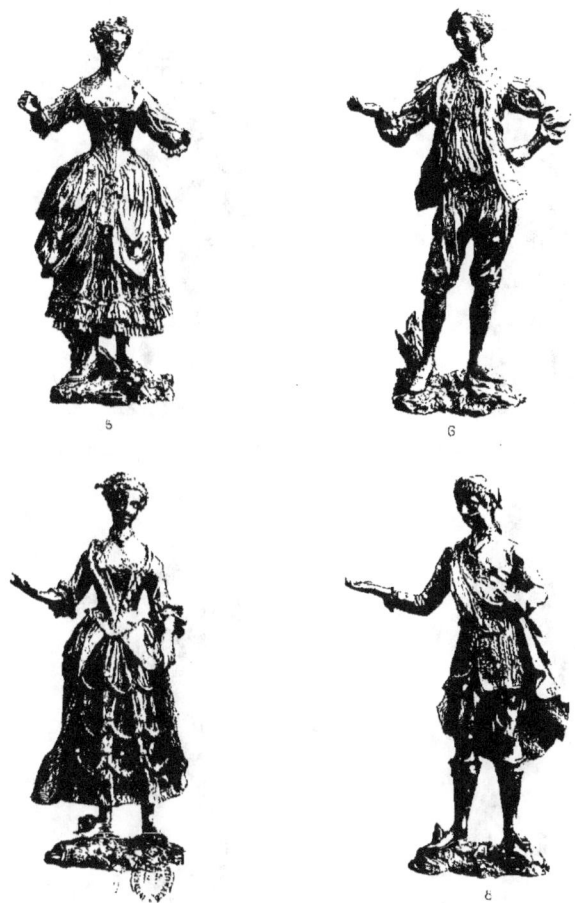

PL. II

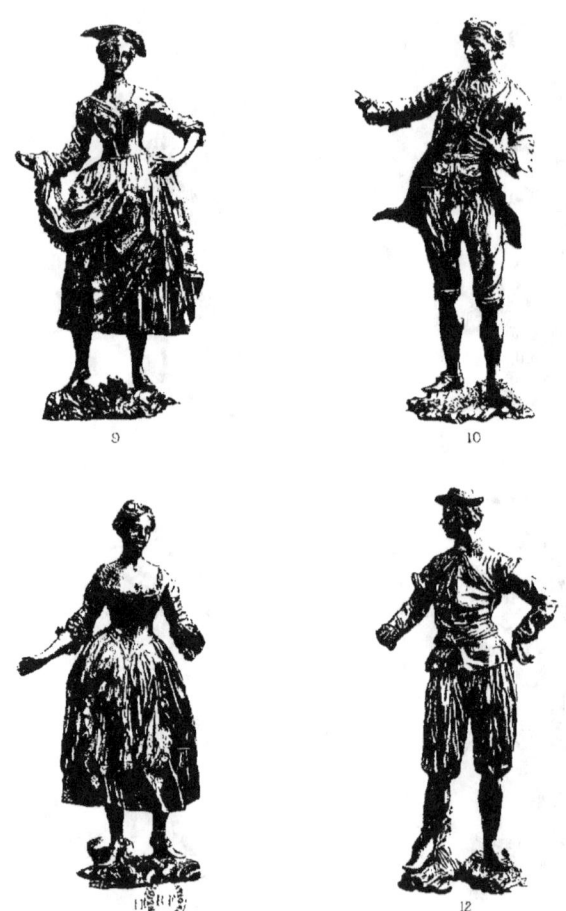

Pl. III.

Pl. IV

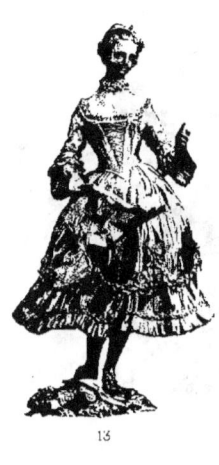
13

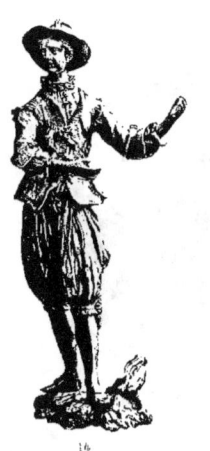
14

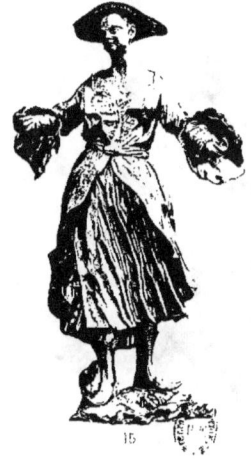
15

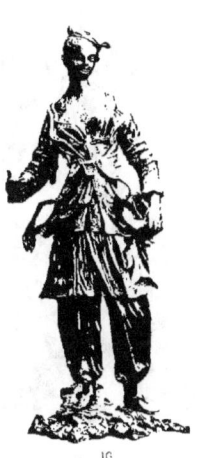
16

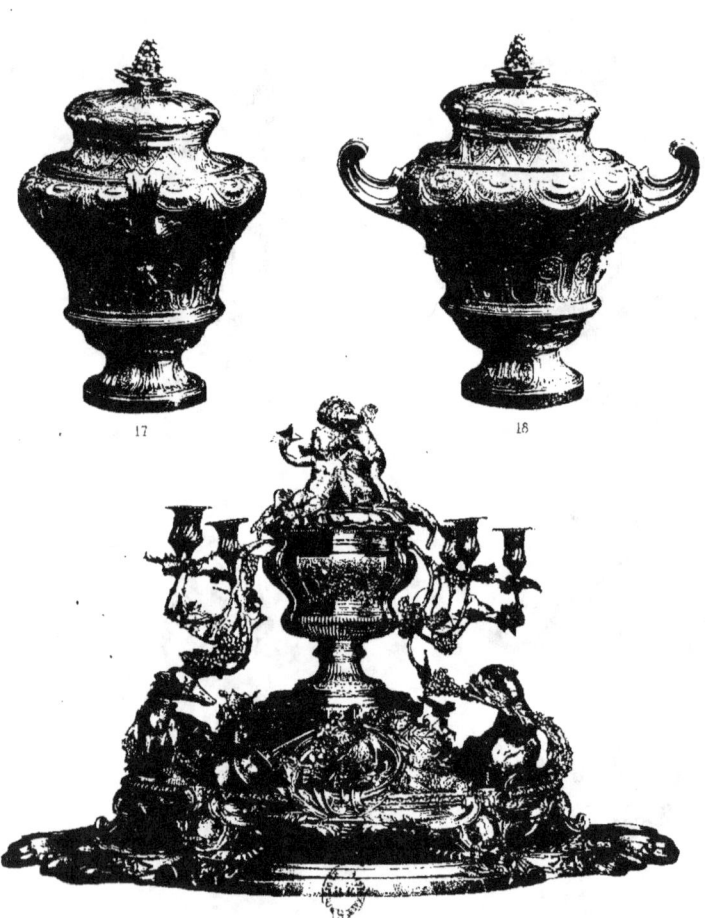

PL. VI

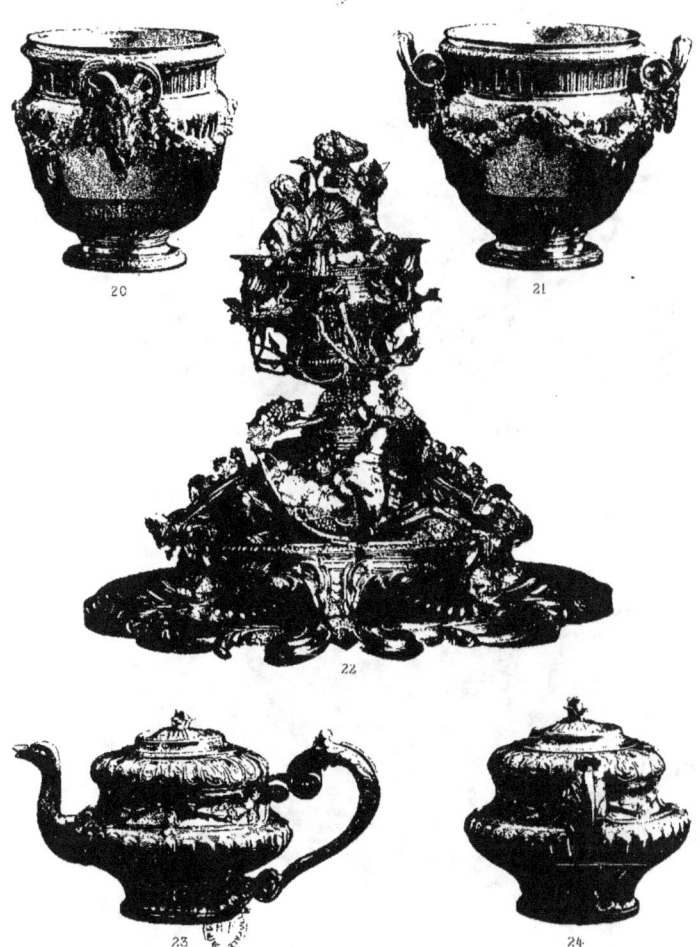

Pl. VII

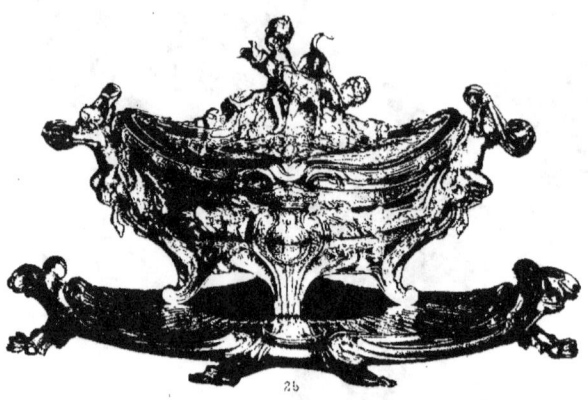

Pl. VI

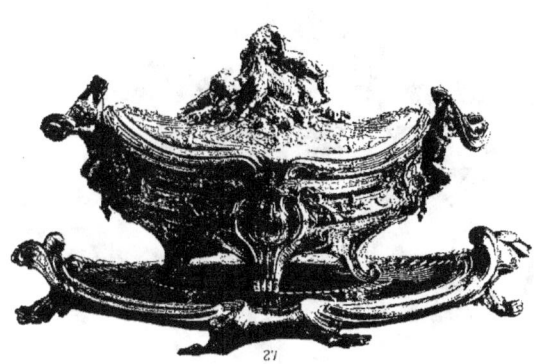

27

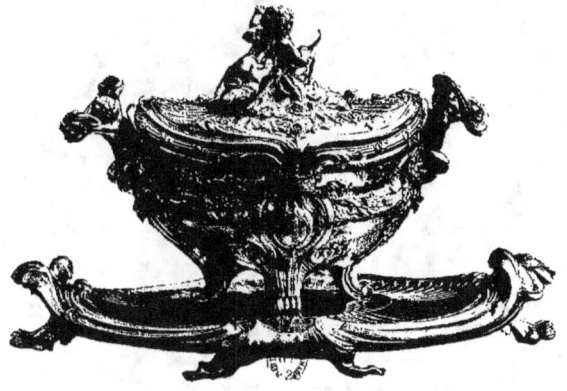

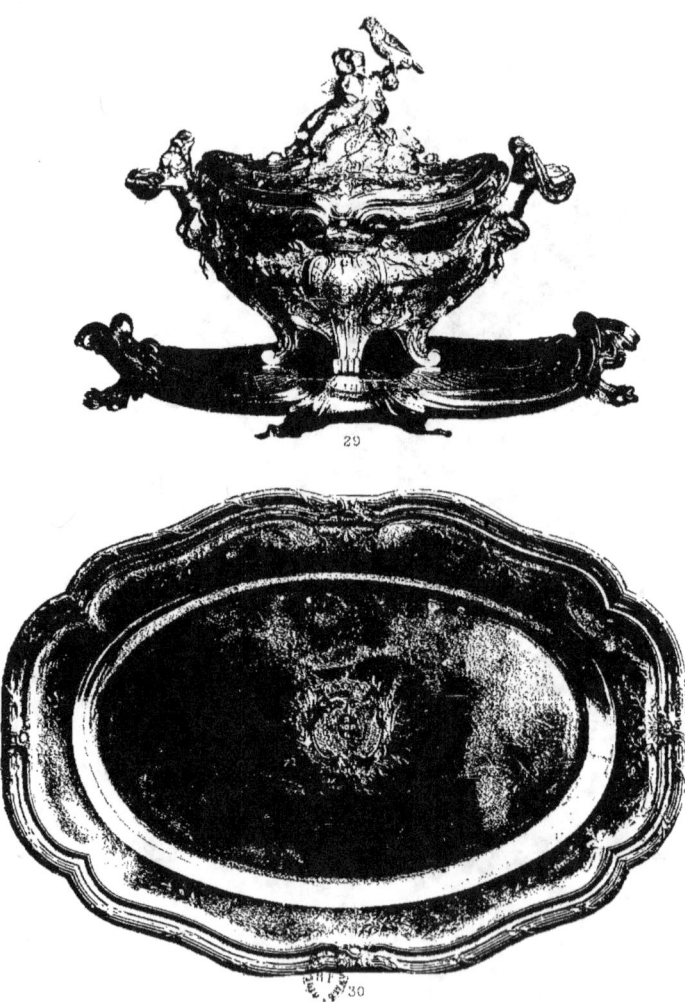

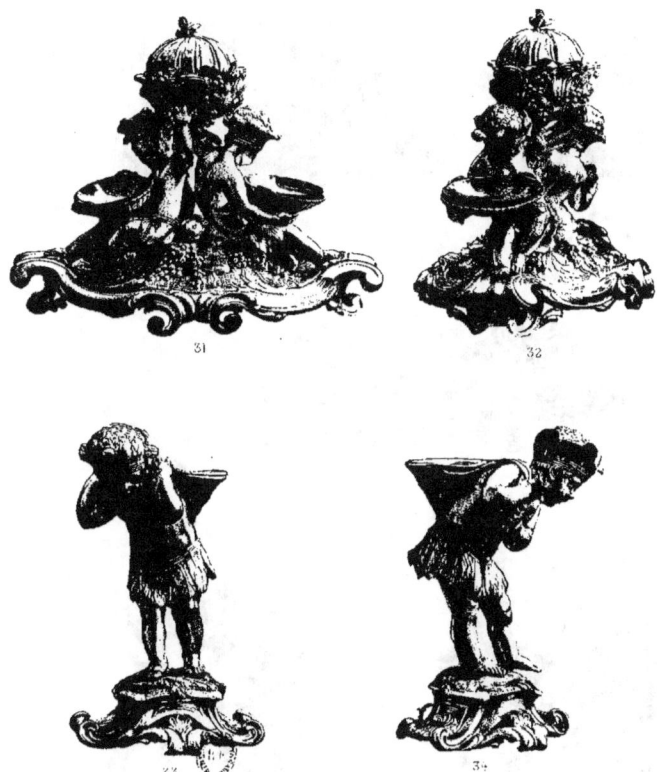

PL. XI

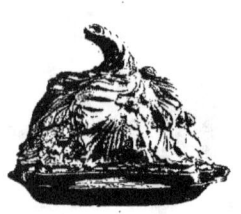
35

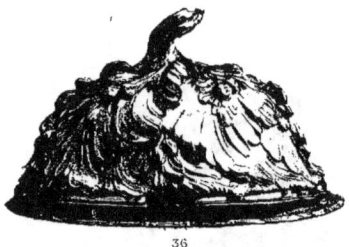
36

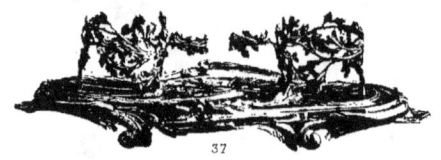
37

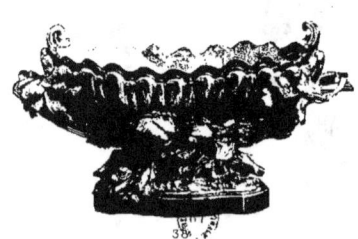
38

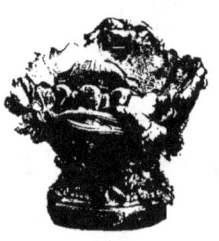
39

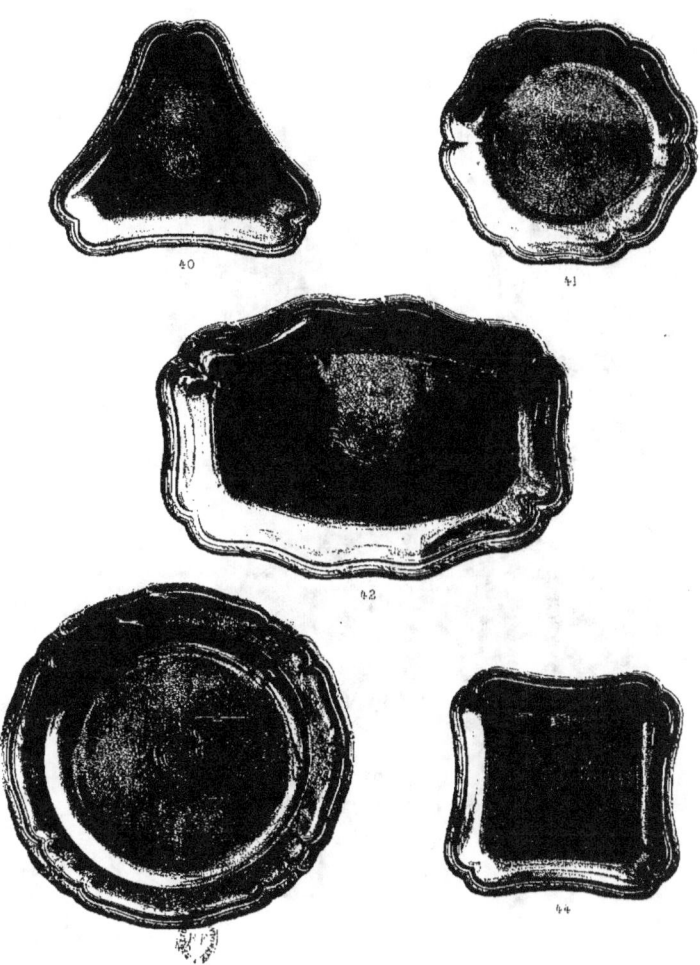

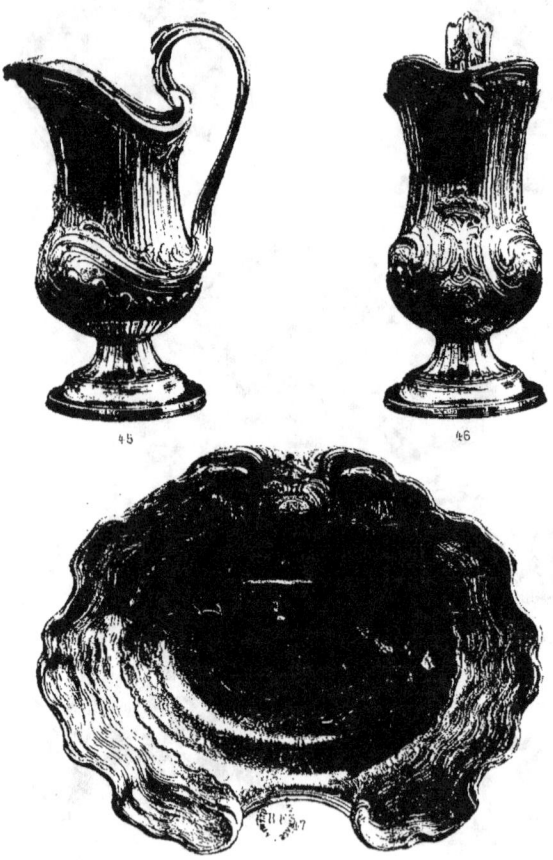

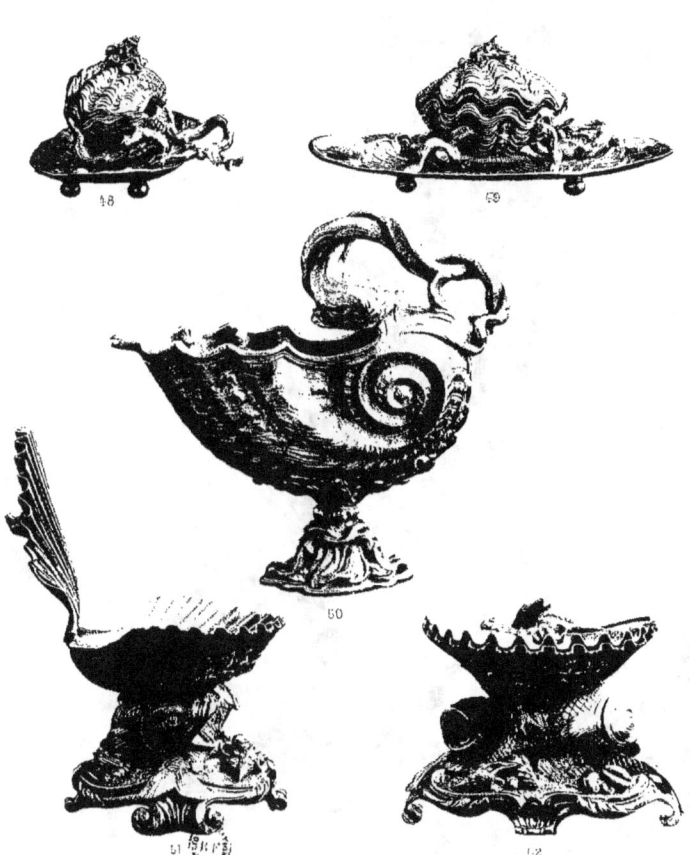

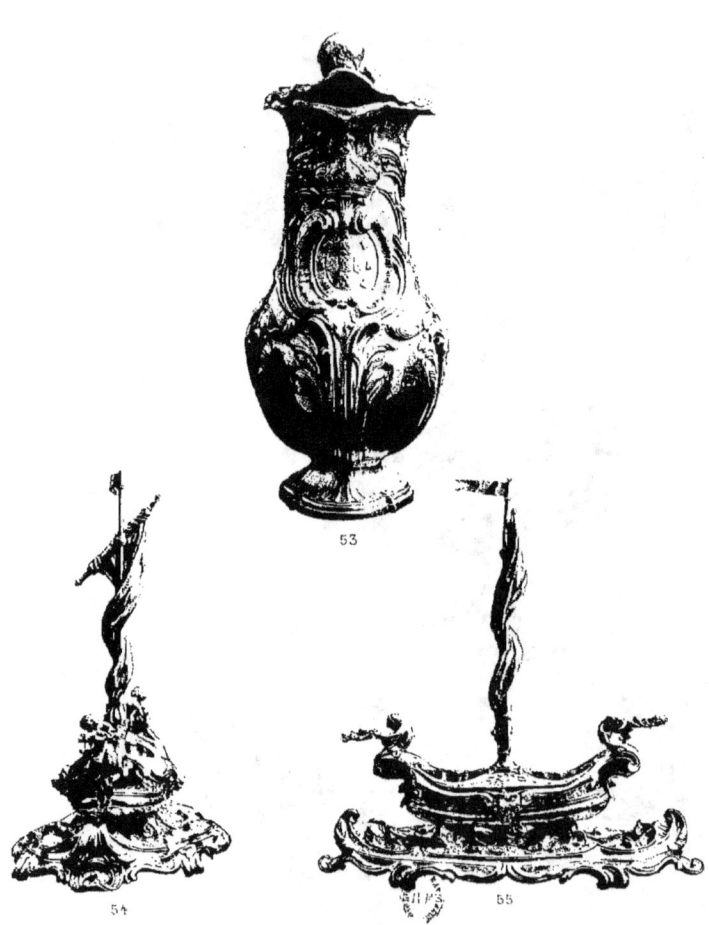

PL. XIV

53
54   55

PL. XVI.

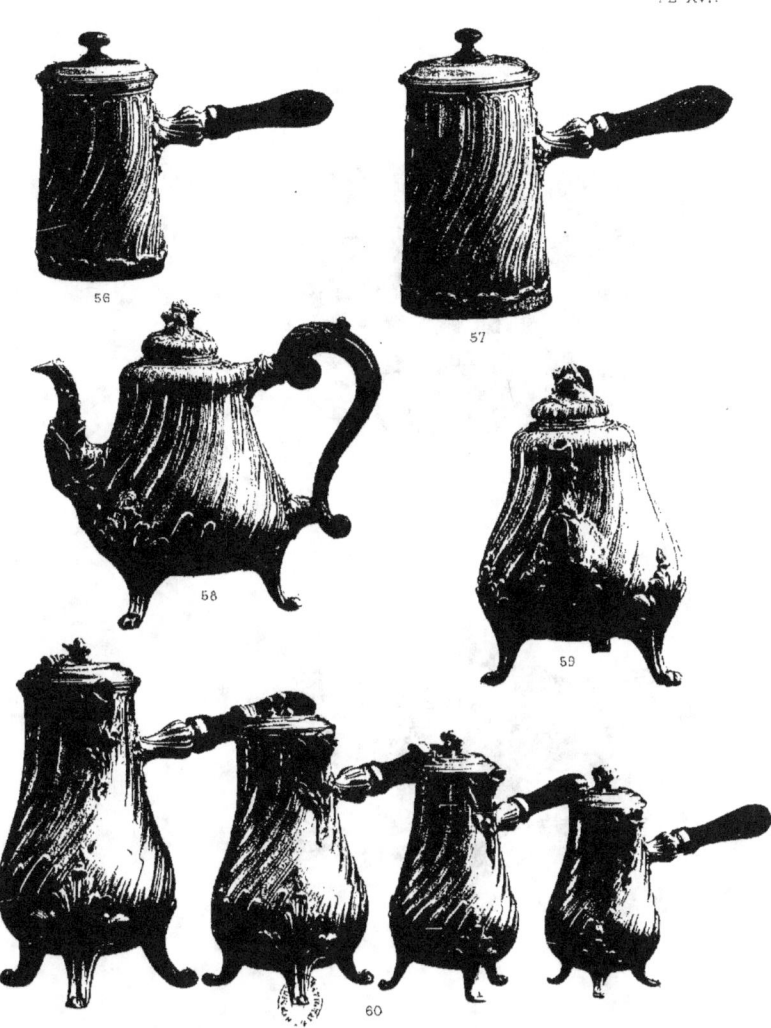

PL. XVII

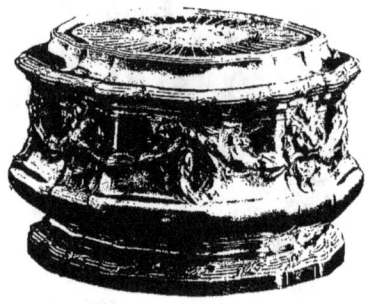

61

PL. XVIII

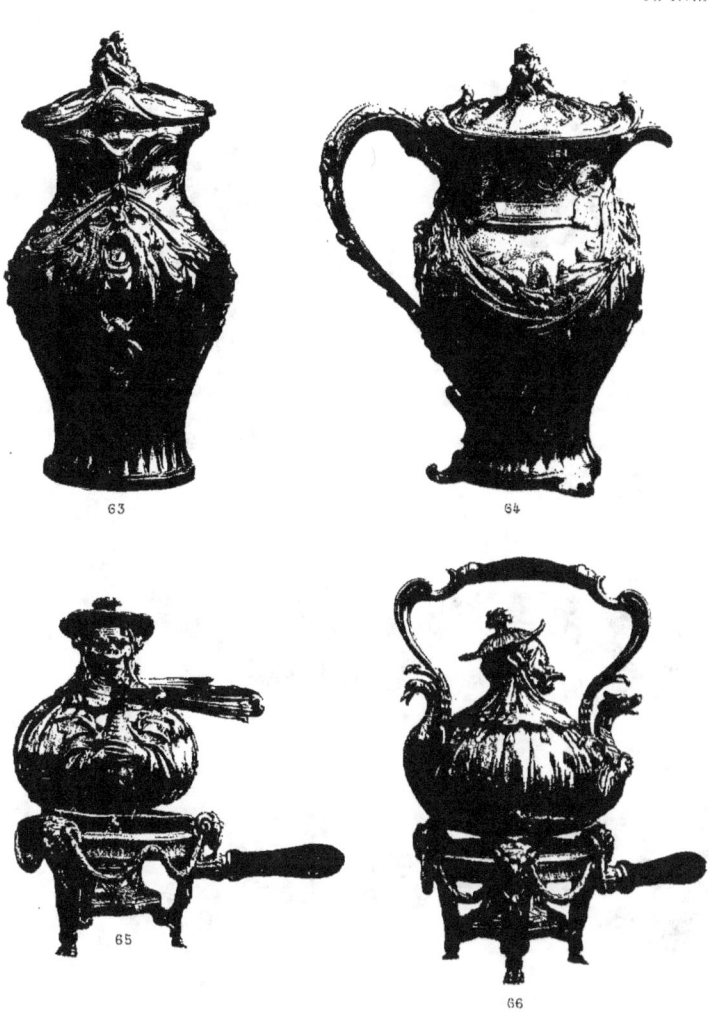

PL XIX

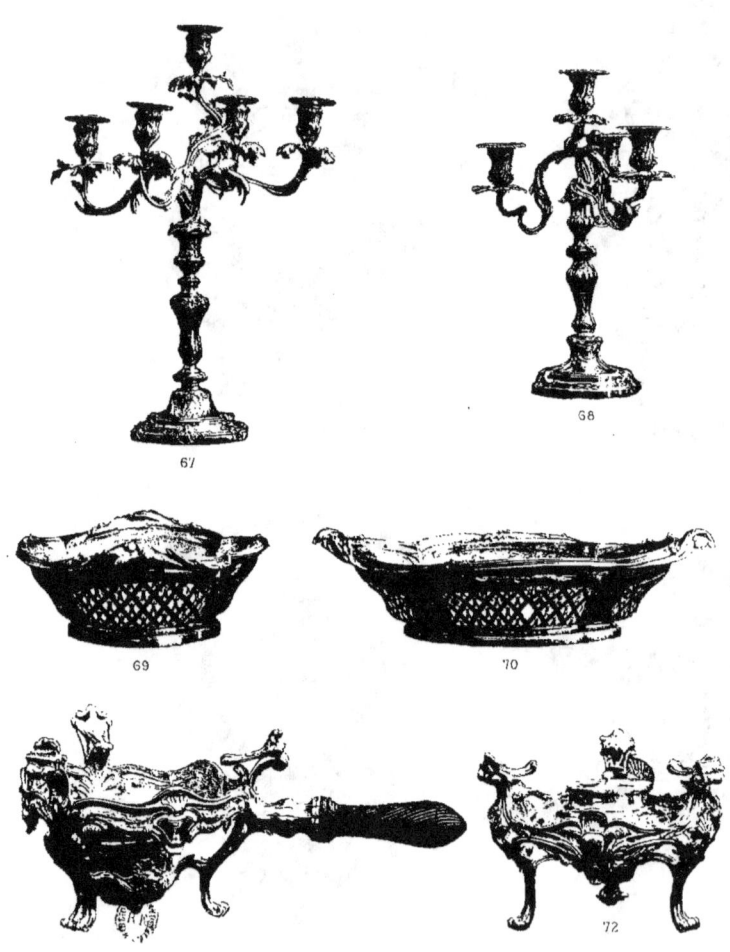

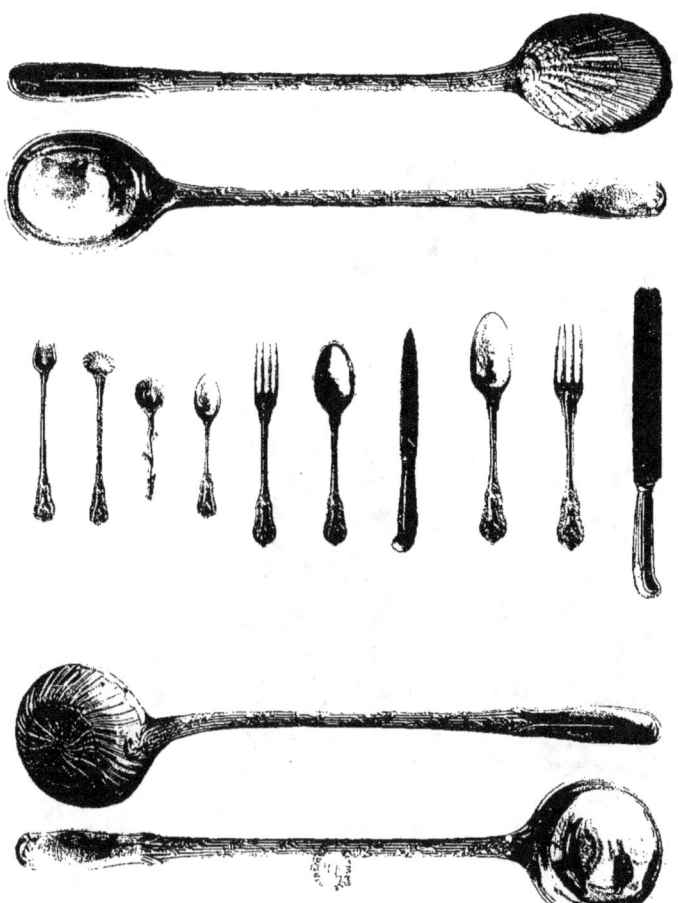

Pl. XX

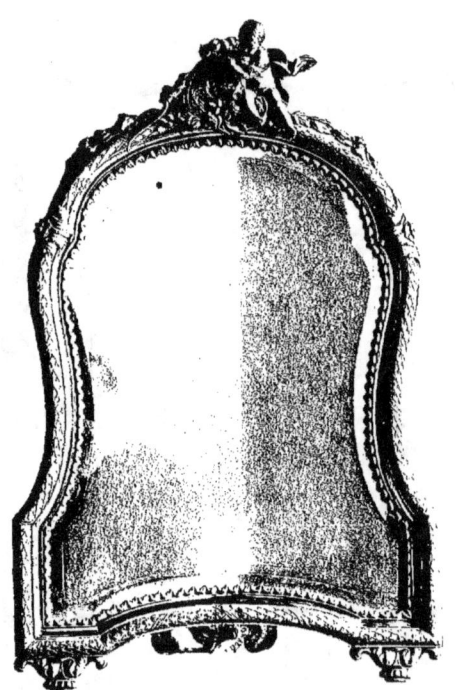

74

PL 22

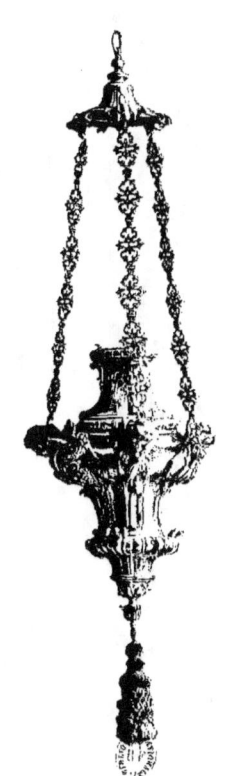

www.ingramcontent.com/pod-product-compliance
Lightning Source LLC
Chambersburg PA
CBHW050040230526
45470CB00003B/1365